AF274690

EL MUNDO
de la *Dislexia*

ACTIVIDADES PARA TRABAJAR Y MEJORAR LA LECTOESCRITURA

Nerissa Sabater Pareja

saralejandria
ediciones

Del texto:
Nerissa Sabater Pareja

Perfil profesional:
@aprendemoscondislexia

Fotografías
KeFoto Studi   @kefotostudi

Imágenes e ilustraciones:
Canva / Freepik / Nerissa Sabater

Diseño de edición:
Elena Torres Andrés

De la presente edición:
Grupo Sar Alejandría S.L

Edita:
Saralejandría Ediciones

ISBN: 978-84-10105-23-2
Depósito Legal: CS 190-2024

A los niños y niñas con dislexia, cuya valentía y tenacidad les permite cumplir sus sueños.

A sus familias luchadoras por ser el gran apoyo en los buenos y malos momentos.

A los y las maestras y especialistas que, con su dedicación y creatividad, hacen posible el proceso de la enseñanza.

Juntos somos más fuertes.

INDICE

1. PRÓLOGO

La dislexia no debería ser un obstáculo a día de hoy para nadie. Décadas de investigaciones rigurosas sobre sus manifestaciones, unido a los grandes avances tecnológicos orientados a la accesibilidad en la información y el aprendizaje, tendrían que haber allanado el camino hacia la total inclusión de este alumnado en las aulas y en la sociedad en general.

Sin embargo, en el siglo XXI nos encontramos con un panorama totalmente contrario al deseado. Continúa existiendo un enorme desconocimiento social sobre esta condición y sus consecuencias. Esto debe preocuparnos, sobre todo como docentes, pues la dislexia es la dificultad de aprendizaje con mayor prevalencia en nuestro sistema educativo y la que engrosa, día a día, las listas de fracaso y abandono escolar temprano.

La comunidad científica que estudia la evolución de las personas con dificultades de aprendizaje tiene una cosa muy clara: el gran impacto positivo de la detección e intervención temprana en el éxito educativo futuro. Cuanto antes se visibilicen las necesidades de apoyo educativo de un niño o niña, antes se establecerá un plan de trabajo, desde la evidencia, para entrenar las áreas afectadas y minimizar su impacto en los aprendizajes.

El libro que tienes en las manos, enfatiza cómo un enfoque sistemático y explícito en el entrenamiento de habilidades prelectoras, apoyado por los recursos aquí presentados, puede minimizar los desafíos futuros y abrir puertas al éxito.

En "El mundo de la Dislexia", se entretejen las vivencias personales y la profesionalidad de Nerissa que, tras ser diagnosticada con dislexia a los 24 años, decide convertir su lucha en una fuente de inspiración y herramienta educativa.

A través de sus páginas, la autora nos invita a adentrarnos en el mundo de la dislexia, no solo desde la teoría, sino también desde la práctica, ofreciendo recursos lúdicos, rigurosos y efectivos para abordar esta dificultad de aprendizaje con un enfoque multinivel y respetando los principios del Diseño Universal para el Aprendizaje (DUA).

Las propuestas de Nerissa nacen para ser utilizadas por todo el alumnado, beneficiando especialmente a los más vulnerables. Además, están pensadas para su uso en el entrenamiento de diversas habilidades cognitivas en personas adultas mayores.

La autora, con su ejemplo de vida y su compromiso pedagógico, nos muestra que la dislexia, lejos de ser un límite, puede ser el impulso para desarrollar fortalezas y estrategias compensatorias que enriquecen el proceso de enseñanza-aprendizaje.

Este prólogo es, por lo tanto, un reconocimiento a su lucha y a su aportación invaluable al campo educativo. Su historia es una llamada a la acción para familias, docentes y sociedad en general, para abrazar la diversidad en el aprendizaje y proporcionar las herramientas necesarias para que todos los niños y niñas puedan alcanzar su máximo potencial.

Con cada página, "El mundo de la Dislexia" no solo nos educa sino que también nos inspira a adoptar una perspectiva más comprensiva y efectiva frente a los desafíos de aprendizaje.

Felicitaciones a su autora por este gran logro de vida y por su inquebrantable espíritu de superación.

Concha Barceló López
Presidenta de la asociación Trenca-dis, de Dislexia
y otras DEA de la Comunitat Valenciana

TRENCA-DIS

Asociación de dislexia y otras DEA
de la Comunidad Valenciana.

www.trencadis.com

2. MI CASO

"Que no me toque a mí,
que no me toque a mí".

Esta es la frase que más se ha repetido en mi cabeza durante toda la etapa educativa cuando era la hora de leer en voz alta en clase. El miedo a fallar y el fuerte estrés que me provocaban estas situaciones es común en todos los niños y niñas con dislexia.

Desde pequeñita siempre tuve problemas con la lectoescritura, pero iba avanzando los cursos con esfuerzo y desarrollando mis propias estrategias de estudio y memorización. Con la edad, empezaba a tener algunas sospechas de que podía padecer alguna dificultad de aprendizaje, pero no se me diagnosticó dislexia hasta los 24 años, cuando ya estaba en la universidad cursando el Grado de Maestra en Educación Infantil. El día que en la asignatura de Dificultades de Aprendizaje profundizamos en la dislexia, se me abrieron los ojos. Todo lo que explicaba la profesora tenía una clara relación con mis dificultades al leer o escribir y todo lo que viví en mi infancia. Fue en ese momento cuando acudí a una clínica especializada donde me realizaron el diagnóstico: dislexia con afectación grave.

Ese diagnóstico daba sentido a todo mi sufrimiento. El sentimiento de frustración y fracaso escolar afecta gravemente a la autoestima de los alumnos con dislexia ya a partir de Primaria. En mi caso, la etapa más dura fue el inicio de Secundaria: nuevo centro educativo, con nuevos compañeros y profesores, más clases de repaso y un sobreesfuerzo estudiando en casa que no obtenía resultados. Las buenas notas no llegaban y seguían las dificultades para leer y escribir correctamente.

Tampoco escapé de vivir experiencias traumáticas por parte de algún profesor, quien me preguntó en público si "no me daba vergüenza tener ese nivel lector en 4º de la ESO" o me soltó un "mejor vete a trabajar, que no sirves para estudiar". Imaginaos cómo se puede sentir un niño, niña o adolescente ante estas acusaciones. Todo ello me hizo odiar ir al instituto, no cursar Bachillerato y tomar otros caminos formativos para cumplir mi sueño: ser maestra de Educación Infantil. Y es que, claro que podemos. Por muchas veces que nos repitan que no podremos, las personas con dislexia tenemos la capacidad y la fuerza necesaria para alcanzar todo lo que nos propongamos.

Deseo que este libro sirva de gran ayuda para dar visibilidad a la dislexia y dar apoyo a las familias y docentes, además de una pequeña motivación para que las personas con dislexia cumplan sus sueños y se desarrollen profesionalmente en cualquier ámbito. La dislexia no debe ser una traba en el camino, sino la fuerza que nos impulsa a escribir un relato extraordinario de superación y éxito.

3. ¿QUÉ ES LA DISLEXIA?

Seguro que en algún momento de nuestras vidas hemos oído o incluso hecho alguna broma inocente cuando amigos o compañeros han confundido, por ejemplo, la derecha con la izquierda o han escrito una palabra con el orden de las letras equivocado. "Eso es la dislexia", me han dicho muchas veces de forma cariñosa sin saber que yo sí soy disléxica. Bueno, de hecho, hasta hace unos años no lo sabía ni yo.

Según la Organización Mundial de la Salud (OMS), el 10% de la población mundial sufre dislexia (1 de cada 10 personas), y la mayoría no lo sabe o le es detectada muy tarde. Este dato supone que en España hay alrededor de 500.000 niños y niñas en edad escolar con dislexia.

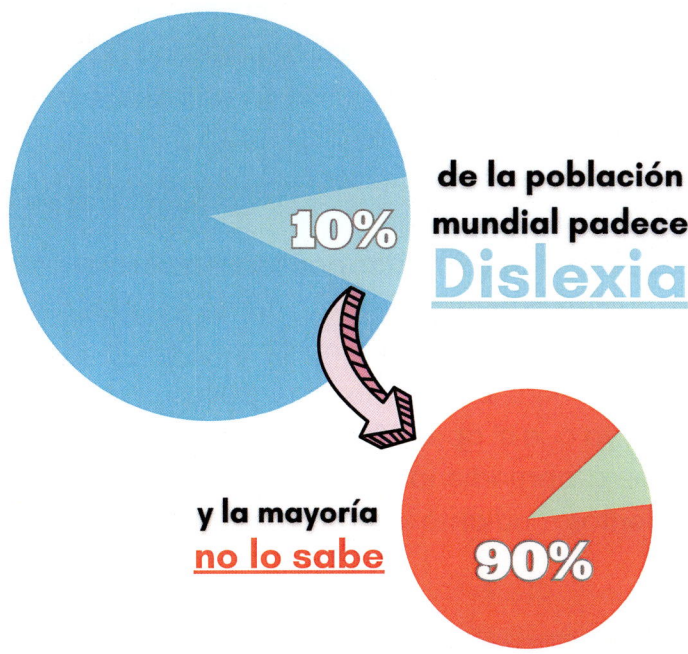

10% de la población mundial padece **Dislexia**

y la mayoría <u>no lo sabe</u> 90%

Pero, ¿realmente sabemos qué es la dislexia y cómo afecta a las personas que la padecemos? Hay que dejar claro que la dislexia no es una enfermedad, sino una Dificultad Específica de Aprendizaje (a partir de ahora, DEA) de origen neurobiológico que afecta a la automatización de la lectura y la escritura, y de la que derivan problemas como la dificultad en el reconocimiento de las palabras, déficit fonológico, mal deletreo, menor capacidad ortográfica y de decodificación (habilidad para transformar las palabras escritas en expresiones orales).

Además, es habitual que la dislexia tenga comorbilidades con otros trastornos como la disgrafía (dificultad en la capacidad de escribir), la discalculia (dificultad matemática), la disortografía (dificultad en la expresión escrita de la palabra) y otros diagnósticos relacionados como el trastorno de déficit de atención (TDA), trastorno de déficit de atención con hiperactividad (TDAH), el trastorno de coordinación (dispraxia), el trastorno del desarrollo del lenguaje (TDL) y los trastornos afectivos y/o comportamentales.

El mayor peligro de la dislexia son las consecuencias derivadas del diagnóstico tardío, puesto que la gran mayoría de las personas que padecen dislexia no lo saben o se les diagnostica ya en edad adulta. Si no se diagnostica con premura, puede generar graves problemas educativos y fracaso escolar ya que el aprendizaje tradicional gira en torno a la lectoescritura: primero, aprendiendo a leer y escribir, y después, adquiriendo los conocimientos mediante la lectura.

A pesar de esto, tranquilidad. Si bien la dislexia es una condición de por vida, con el apoyo y la intervención psicopedagógica adecuada, las personas con dislexia podemos aprender a leer y escribir eficazmente, completar los estudios y desarrollarnos profesionalmente en cualquier ámbito.

Hay que tener muy en cuenta también que la dislexia no afecta en absoluto a la inteligencia general ni a la expresión oral, puesto que es una condición neurológica que solamente afecta en cómo el cerebro procesa la información relacionada con el lenguaje. Tal y como afirma Luz Rello (2018), *"existen personas con dislexia con diferentes cocientes intelectuales (con CI incluso superiores a la media). De hecho, si el niño o niña presenta inteligencia normal o superior, pero no logra las habilidades lingüísticas de lectura, escritura y ortografía en consonancia con su edad y sus habilidades intelectuales, tiene posibilidades de tener dislexia".*

4. INDICADORES DE RIESGO DE LA DISLEXIA

P robablemente, el indicador más básico y fácil de detectar en niños y niñas con dislexia u otras DEA sea que, a pesar de que se esfuerzan enormemente, suspenden o no avanzan al ritmo del resto de compañeros. Tanto es así que un altísimo porcentaje de los estudiantes con fracaso escolar tienen dislexia y la gran mayoría no lo sabe.

Aunque la dislexia no se puede diagnosticar con exactitud y rigurosidad hasta los 7 años, la sintomatología y los indicadores de riesgo pueden aparecer ya en la etapa de Educación Infantil. Esta dificultad puede manifestarse de diversas maneras, y la presencia de varios indicadores potenciales debe hacer saltar las alarmas para realizar un seguimiento más exhaustivo al alumno o alumna en cuestión, tanto en la escuela como en el entorno familiar.

Así pues, en las personas con dislexia, principalmente encontramos problemas relacionados con la conciencia fonológica en sus cuatro niveles: conciencia léxica, silábica, intrasilábica y fonémica. No obstante, otros indicadores de riesgo de la dislexia son:

◇ Dificultades para identificar, manipular y reconocer los sonidos en palabras, como segmentar y combinar sílabas o fonemas.

◇ Retraso en la adquisición del habla o dificultades en la pronunciación de palabras.

◇ Dificultades con la correspondencia entre letras (grafemas) y sonidos (fonemas).

◇ Lectura en voz alta lenta y dificultosa.

◇ Problemas en la decodificación de palabras nuevas o poco familiares.

◇ Dificultades para la denominación rápida, rimar y acceder al léxico.

◇ Inversiones de letras o números, como confundir la "b" con la "d" o dificultades con la secuencia de números.

◇ Problemas de ortografía, escritura y memoria a corto plazo.

◇ Desinterés por la lectura o frustración y miedo ante actividades de lectura.

◇ Dificultades con las Matemáticas y en el aprendizaje de una segunda lengua.

◇ Déficit en el nombrado de colores/formas y en las nociones espacio-temporales (días de la semana, izquierda/derecha, etc).

◇ Dificultades para concentrarse y escribir ideas organizadas.

◇ Problemas conductuales debido a la baja autoestima o no sentirse integrado al grupo.

"La educación ayuda a la persona
a aprender a ser lo que es capaz de ser"
Hesiodo

Por último, otro indicador de riesgo que nos puede poner en alerta de forma prematura es el componente genético. *"La dislexia tiene un importante carácter hereditario y se da en personas de todas las lenguas y contextos socioeconómicos" (Andreu, 2020)*. De hecho, las conclusiones científicas revelan que se trata de un trastorno con alto porcentaje genético, y es que entre el 50-70% de padres/madres con dislexia transfiere esta condición a sus hijos e hijas.

Es fundamental que estos indicadores se evalúen en el contexto de un desarrollo típico y que cualquier sospecha o preocupación se discuta con profesionales de la educación y de la salud.

5. DETECCIÓN, DIAGNÓSTICO Y ADAPTACIONES

Cometer errores al leer y escribir es normal, no hay porque ser disléxico/a por cometerlos, y menos durante las primeras etapas educativas. No obstante, las maestras y maestros sabemos que es habitual encontrar al menos un alumno o alumna con dificultades de aprendizaje en cada clase, por eso es clave la detección precoz, un correcto acompañamiento y desarrollar estrategias de aprendizaje individualizadas.

Todas las personas con dislexia hemos crecido escuchando que somos vagas, despistadas o torpes. Incluso nosotras mismas nos calificamos injustamente como tontas o inferiores. Y justamente es al revés, nos esforzamos mucho más para alcanzar los mismos objetivos y desarrollamos otras habilidades cognitivas como compensación. La detección precoz y ponerle nombre al problema es fundamental para prevenir estas secuelas emocionales, la desmotivación y el fracaso escolar.

Generalmente, la dislexia se puede diagnosticar con precisión a partir de los 7 años. Su detección es complicada porque es un trastorno oculto, y con el paso de los años aún más, ya que aprendemos a tapar nuestras dificultades y creamos mecanismos de compensación que hacen la detección más complicada.

Existen protocolos de detección de riesgo para uso docente (como el *ProdisCat*, elaborado por el Col·legi de Logopedes de Catalunya, o el *Dytective*, de Change Dyslexia) y otras herramientas de cribado para valorar si se cumplen los indicadores de riesgo frecuentes en cada etapa educativa. Si aparecen signos, lo más recomendable es realizar un diagnóstico clínico definitivo a cargo de profesionales especializados en dislexia como pueden ser los logopedas (o fonoaudiólogos), psicopedagogos, psicólogos, pedagogos, neuropsicólogos o neuropediatras.

PROTOCOLO de DETECCIÓN Y ACTUACIÓN en la DISLEXIA. ÁMBITO EDUCATIVO

Con la finalidad de que la evaluación y el diagnóstico sean diferenciales y discriminen la dislexia de posibles comorbilidades, es muy aconsejable que se lleve a cabo de forma multidisciplinar por varios profesionales especializados que recogerán medidas de rendimiento relacionadas con la lectura como la velocidad al leer, los errores de lectura de palabras, la fluidez y la comprensión lectora.

El diagnóstico individualizado será la referencia para aplicar las diferentes adaptaciones educativas necesarias para abordar las necesidades específicas y fomentar el éxito académico de los alumnos y alumnas con dislexia.

Los niños y niñas con una adaptación no significativa, metodológica o de aprendizaje cumplirán con los mismos objetivos y darán los mismos contenidos que el resto de la clase, pero el acceso a estos será distinto (equidad).

NO SON UNA AYUDA

SON UNA NECESIDAD

@aprendemoscondislexi

Por tanto, las adaptaciones no son ayudas ni favores, son un derecho amparado por la legislación, deben tener un enfoque personalizado y varían según la etapa educativa, aunque algunas de ellas son imprescindibles durante todo el proceso de aprendizaje: uso de tecnología asistencial (el ordenador como herramienta compensatoria), utilizar programas informáticos específicos (lectores de texto, correctores,...), disponer de más tiempo para terminar tareas o exámenes, acceso en los casos que se requiera a exámenes orales, libros de texto en formato digital, libros de lectura obligatoria adaptados a su nivel lector, estrategias multisensoriales de enseñanza y apoyo emocional.

6. ADAPTACIONES BÁSICAS Y CONSEJOS PARA EXÁMENES Y TEXTOS

◇ Uso de fuentes de palo seco (Arial, Verdana, Helvética) y sin cursiva

◇ Tipografía más grande (de 12 a 14 puntos)

◇ Espaciado típico o ligeramente más amplio (1,5 puntos)

◇ Preferencia de las expresiones numéricas (ej.: 50%, 70.000, entre 5 y 10)

◇ Destacar palabras clave o ideas principales en **negrita** o <mark>subrayado</mark>

◇ Más tiempo para finalizar tareas o exámenes

◇ Usar preferentemente apoyos visuales

◇ Secuenciar exámenes y no formular 2 preguntas en 1

◇ Exámenes con alternativas de preguntas A, B, C o V/F

◇ Lectura previa de preguntas en voz alta o individualmente para asegurarnos que el alumnado entiende lo que debe hacer

◇ Llamadas de atención y comprobar al finalizar que ha hecho todo

◇ No tachar los errores ortográficos ni señalarlos en rojo (color asociado al fracaso), hay que resaltarlos para que los niños y niñas aprendan con mayor facilidad

◇ Respetar la decisión del alumnado a la hora de la lectura en voz alta

◇ Uso de esquemas y mapas conceptuales para estudiar (empleando colores e imágenes)

◇ Léxico cotidiano en textos para estudio o memorización

◇ Trabajar las faltas de ortografía sobre tus propios errores (libreta de palabras "complicadas")

◇ <mark>Post-its</mark> para vocabulario e información importante.

7. APOYO EMOCIONAL: LA IMPORTANCIA DE LA FAMILIA Y LOS DOCENTES

Vivimos en una sociedad alfabetizada y con un sistema educativo que evalúa mayoritariamente mediante la lectoescritura. En este contexto, el niño o niña al que le cuesta leer o escribir ya parte con desventaja.

Especialmente si el diagnóstico es tardío, la dislexia puede acarrear problemas emocionales, sentimientos de incompetencia y problemas en las relaciones o comparaciones negativas con los compañeros (esto no es nada justo, solo debemos compararnos con nuestros progresos). En este contexto, el apoyo emocional de la família y de la comunidad educativa es clave para evitar la baja autoestima, la ansiedad, el abandono escolar y la frustración de sus sueños.

Un alumno o alumna con baja autoestima es muy difícil de recuperar. Con la detección temprana, los docentes nos podemos convertir en el héroe de ese niño o niña. Las maestras y profesores, a diferencia de las familias, tenemos la posibilidad de comparar a todos nuestros alumnos mediante test de cribado y otros protocolos para detectar posibles indicadores de riesgo a tiempo y derivar el caso a un especialista en dislexia u otras DEA.

Seguidamente, para proporcionar una respuesta educativa efectiva, el trabajo coordinado entre la comunidad educativa, las familias y los profesionales externos es crucial. En clase es necesario construir un entorno educativo inclusivo, donde se pueda hablar abiertamente y normalizar las

DEA para prevenir el *bullying*, aplicar metodología multisensorial y estrategias psicopedagógicas adaptadas, promover el reconocimiento de los esfuerzos y proporcionar recursos específicos para facilitar el aprendizaje.

Es fundamental brindar apoyo a cada estudiante para que pueda identificar y seleccionar los métodos de estudio que se ajusten de manera óptima a su estilo de aprendizaje. Esto implica promover la enseñanza explícita de técnicas de estudio en el aula para que los niños y niñas desarrollen estrategias y hábitos de estudio que les otorguen mayor autonomía y aumenten sus probabilidades de éxito académico.

Paralelamente, el apoyo emocional, el cariño y la comprensión de las familias es fundamental para reconstruir la autoestima del pequeño y fomentar un ambiente positivo: celebrar los logros, ya sean grandes o pequeños, contribuye a fortalecer la confianza del niño o niña en sus capacidades.

Por último, como madres y padres, es muy importante estar bien informados sobre los derechos y necesidades específicas que tienen nuestros hijos e hijas, y velar por que se cumplan (reeducación, adaptaciones curriculares, legislación vigente, etc). Hablar en casa con naturalidad sobre la dislexia y ponerle nombre a sus dificultades siempre es positivo, además de dar respuesta a sus problemas, le abrimos los ojos respecto a que tiene una forma distinta de aprender, que en ningún caso debe pensar que es una persona despistada, vaga o tonta.

"Si enseñamos a los niños a aceptar la diversidad como algo normal, no será necesario hablar de inclusión sino de convivencia".

Daniel Comín

8. FORTALEZAS DE LA DISLEXIA

¡Las personas con dislexia somos mejores! Sí, estáis leyendo bien, no me he equivocado. Nuestros problemas con la lectura y la escritura son evidentes, pero también es cierto que nos empujan a desarrollar otras capacidades cognitivas, que llamamos fortalezas y que nos ayudan a contrarrestar dicha dificultad para leer y escribir. La inclusión educativa pasa por subrayar estas notables fortalezas, una tarea que ayudará enormemente al éxito académico y al bienestar general del alumnado con dislexia:

◇ Creatividad

◇ Pensamiento global

◇ Pensamiento visual

◇ Altas capacidades

◇ Intuición

◇ Pensamiento tridimensional

◇ Habilidades sociales

◇ Resiliencia

◇ Pensamiento analítico

◇ Mejor memoria visual y fotográfica que la media

◇ Mayor emprendimiento y resolución de problemas

"Los sueños no se leen, se hacen realidad"

Luz Rello y niños y niñas con dislexia

9. MATERIAL DIDÁCTICO Y DESCARGABLES PARA TRABAJAR LA LECTOESCRITURA

La dislexia es una condición que nos acompaña de por vida, y eso nos obliga a trabajar más y encontrar estrategias de compensación para que no se convierta en una barrera educativa o profesional. No tiene cura pero sí se puede facilitar y mejorar el aprendizaje de la lectoescritura mediante una correcta intervención psicopedagógica y unas pautas de actuación dirigidas a la aplicación de los objetivos según cada etapa educativa.

En este apartado exploraremos una amplia variedad de materiales didácticos diseñados específicamente para mejorar y trabajar la lectoescritura en alumnos con dislexia. Estas propuestas han sido desarrolladas tomando como referencia el 'Método Diverlexia', de la autora Carmen Silva, y teniendo en cuenta las dificultades comunes que enfrentan los estudiantes con dislexia, al tiempo que se enfocan en fortalecer sus habilidades de lectura, escritura, comprensión del lenguaje y la conciencia fonológica.

"Con una intervención adecuada y centrada en el trabajo de la fonología y la conversión de grafemas a fonemas, se pueden compensar y se pueden minimizar los efectos de la dislexia"

Llorenç Andreu

Al integrar estos materiales didácticos en el aula, las maestras y maestros podemos crear un entorno de aprendizaje inclusivo y enriquecedor que permita a cada alumno y alumna alcanzar su máximo potencial en el desarrollo de las habilidades de la lectoescritura. Es muy importante detectar previamente las barreras y fortalezas del alumnado y conocer sus intereses o conocimientos previos para enfocar de forma individualizada y atractiva cada propuesta educativa.

Estas actividades son un buen ejemplo para mejorar las habilidades cognitivas que componen el proceso de leer y escribir, y además todas son adaptables dado que para un objetivo en particular o según la edad del alumnado se pueden rediseñar las tareas, variándolas en complejidad, uso de materiales, contenidos lingüísticos, sistemas de ayuda, etc. Asimismo, cada una de las propuestas didácticas es óptima para trabajar con el resto de la clase (favoreciendo así la inclusión) y también con personas adultas o de avanzada edad.

En este código QR encontrarás más tipos de actividades como las que presentaré a continuación, además de descargables/imprimibles para mejorar y trabajar la lectoescritura de forma divertida con el alumnado y con personas con dislexia u otras DEA de todas las edades:

9.1. LOS PRERREQUISITOS

Como bien indica Silva (2020), *"en fases aún prelectoras, partimos del entrenamiento de los prerrequisitos, dentro de los que destaca el desarrollo de las primeras habilidades fonológicas. La conciencia léxica nos permite segmentar las palabras del discurso oral y la conciencia silábica comprender la estructura interna de las palabras"*.

Así, los prerrequisitos son las habilidades básicas que los niños y niñas deben desarrollar para favorecer una efectiva adquisición de la lectura y la escritura. Además de la conciencia fonológica, son fundamentales el desarrollo de la psicomotricidad, las habilidades o destrezas orales, la percepción auditiva (discriminación y reconocimiento de sonidos) y el nivel perceptivo-visual.

La importancia de establecer cuáles son estos prerrequisitos radica en que permitirán reconocer cada etapa en el proceso de adquisición lectora y así detectar prematuramente al alumnado que muestra carencias en este proceso, y, por consiguiente, aquellos que requerirán de una intervención temprana para prevenir futuras dificultades en el proceso lectoescritor.

Ahora bien, ¿se pueden trabajar los prerrequisitos una vez se ha iniciado el aprendizaje de la lectoescritura? Por supuesto que sí, siempre que algunos de los niveles anteriores no estén afianzados es aconsejable trabajar de nuevo los prerrequisitos para mejorar las diferentes habilidades, independientemente del proceso evolutivo del alumnado. A continuación, se comparten propuestas didácticas centradas en los prerrequisitos, y recordad que podréis encontrar más en el QR anterior y en el Instagram @aprendemoscondislexia.

DESARROLLO PSICOMOTRIZ

El desarrollo de la psicomotricidad es un prerrequisito muy relevante en el proceso de aprendizaje de la lectoescritura. Trabajar la relación entre la actividad motora y los procesos cognitivos y emocionales, y su desarrollo adecuado, es crucial para la futura consolidación de las habilidades de lectura y escritura.

Desde una edad temprana, los niños y niñas comienzan a explorar el mundo a través del movimiento y la manipulación de objetos, sentando las bases para el desarrollo de habilidades motoras finas y gruesas que son fundamentales especialmente para la escritura. Para el buen desarrollo de la caligrafía debemos tener presentes los prerrequisitos generales y específicos como el equilibrio, el esquema corporal, la lateralidad, la motricidad fina, la pinza digital, la coordinación visomotriz, el agarre y la grafomotricidad.

Además, el desarrollo de la psicomotricidad también influye en la capacidad para mantener la atención, seguir instrucciones, y coordinar movimientos precisos, habilidades que son esenciales para el proceso de lectura.

En este apartado, exploraremos diferentes actividades específicas para fomentar y afianzar el desarrollo de la psicomotricidad.

Para mejorar la lateralidad podemos hacer un juego de activación de las manos (asociando a la izquierda un color y a la derecha otro color) y dando órdenes para que el alumnado las abra, cierre, mueva o cuente al ritmo de nuestra voz. Por ejemplo, "mano azul/ izquierda abierta", "mano naranja/derecha cerrada", "abre un dedo de la mano azul/izquierda", etc. También es conveniente ejercitar la relación mano-ojo dominante e introducir progresivamente los pies, utilizando los mismos colores que en las manos.

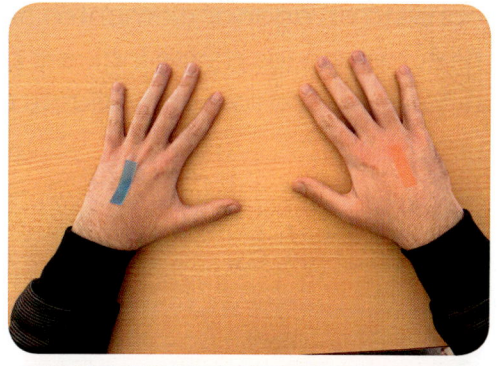

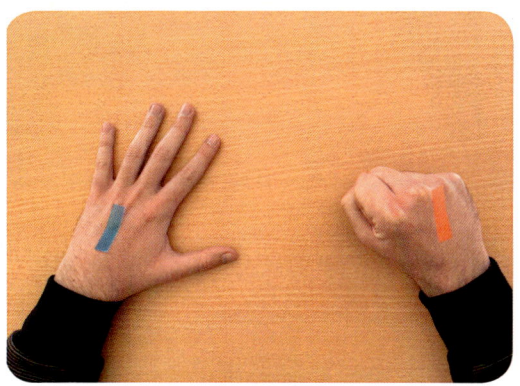

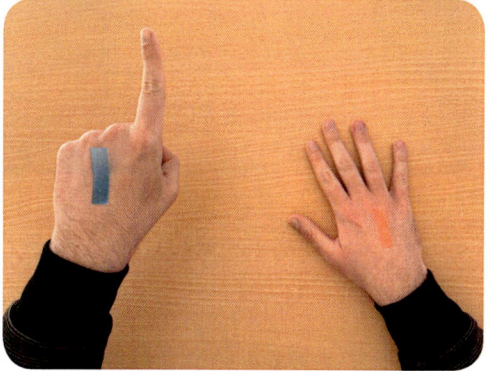

CREA TU NOMBRE

El agarre con pinza digital (dedo índice y pulgar) es un movimiento que hay que ejecutar correctamente para luego empezar a trabajar la escritura con el agarre de pinza tridigital. Este ejercicio que proponemos consiste en agarrar elementos finos como palillos, espaguetis, lápices o pinturas con los dedos índice y pulgar, y reproducir el nombre del niño, niña o persona mayor mediante el apoyo visual que le daremos.

MOVIMIENTOS ÚNICOS

El objetivo de esta actividad es que el alumnado mueva escalonadamente los dedos de las manos, abriendo y cerrando cada uno de ellos de forma individual. Con los ejercicios de disociación de movimientos podremos lograr acciones independientes de los dedos respecto a la mano, de la mano respecto al brazo o del brazo respecto al cuerpo.

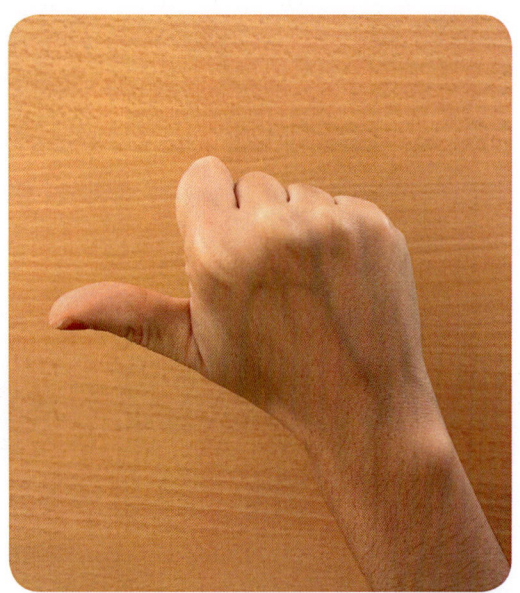
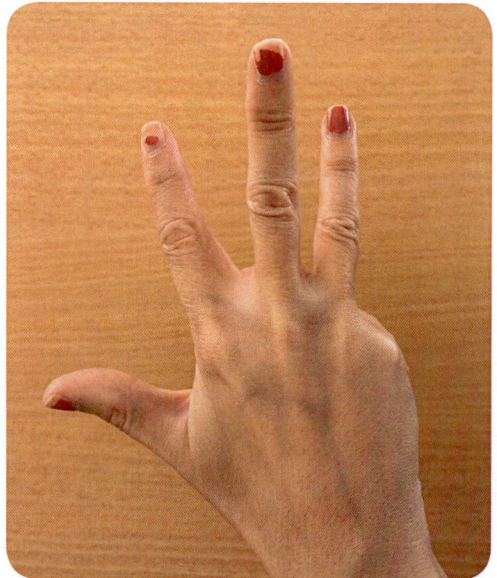

HORA DE ESCRIBIR

Cuando el alumno o alumna alcance el desarrollo individual necesario y sean evidentes los signos de preparación para empezar el agarre mediante la pinza tridigital (con los dedos índice, corazón y pulgar), es el momento de empezar a trabajar la correcta escritura a través del juego y la exploración. Con esta actividad, el alumnado mantendrá un pequeño papel o cartón (yo he utilizado una moneda) en su palma de la mano con los dedos anular y meñique, mientras que realizará la acción del agarre con pinza tridigital con los otros tres dedos ya mencionados, y procederá a dibujar o hacer trazos en un papel.

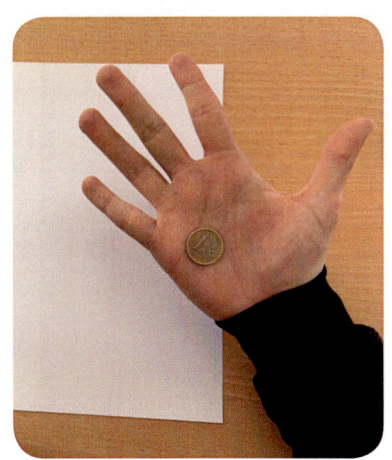 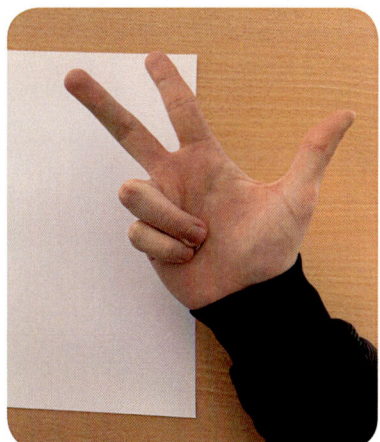 

TRAZOS LiBRES

Con esta actividad promovemos la creatividad en grupo y la expresión libre con pinturas, lápices o pintura congelada sobre un papel grande (blanco o negro) o una bolsa de basura, para que cada niño y niña se exprese libremente y podamos observar como hacen el agarre con diferentes objetos utilizados como herramienta de dibujo.

TRAZOS GUIADOS

Con un recipiente con harina se puede trabajar la grafomotricidad con todos los trazos que encontramos en la escritura manual (rectas, curvas, giros, puentes, oblicuos, etc.). Presentando un apoyo visual inicial, el alumnado debe reproducir los patrones en la harina con su dedo índice.

MI NOMBRE CON PLASTILINA

Con esta actividad fortalecemos la psicomotricidad fina y gruesa, la dirección del trazo y la identificación con su propio nombre, con o sin ayuda visual previa según los conocimientos del alumnado. Así pues, se presentan las letras sueltas de su nombre, con las marcas del trazo indicadas y numeradas para que el niño o niña las complete con plastilina.

PROCESAMIENTO VISUAL

Con estas actividades de procesamiento visual se pretende que los niños y niñas adquieran la capacidad para identificar rasgos o características distintas de una figura incluyendo variaciones de colores, elementos y, por último, se familiaricen con las letras y las palabras.

En relación con las letras, es importante centrar la atención del alumnado en los rasgos distintivos importantes, ya que, en ocasiones, se fijan en detalles no significativos y esto les lleva a confundir las letras. Además, es necesario explicar hacia dónde caminan siempre las letras, utilizando asociaciones con imágenes o conceptos para favorecer el recuerdo.

ASOCIACIÓN DE COLORES

El objetivo de esta actividad es que el alumnado relacione y elija el objeto del mismo color. Se puede realizar con cualquier objeto que se encuentre en el aula u otro específico si se quiere trabajar algún tema cotidiano o familiar, siempre que tenga la misma forma y tamaño. Cuantos más colores, más complejidad.

LA FRUTA REPETIDA

Para hacer esta actividad más interactiva y llamativa se puede hacer sobre una mesa de luces. El objetivo es que los alumnos y alumnas relacionen la fruta que les presentamos inicialmente con la que es igual de forma y color. Además, puede ser una actividad ideal para introducir el vocabulario relacionado con las frutas y la comida saludable.

PRIMERAS LETRAS Y PALABRAS

Con estas actividades ya empezamos a introducir las letras y las palabras mediante el procesamiento visual. En esta tarea se debe redondear la letra o palabra idéntica al modelo de arriba, fijándose bien en la dirección y la colocación de las letras. Inicialmente, es conveniente que la maestra o profesor reproduzca el sonido de cada letra o palabra para que el alumnado interiorice poco a poco la relación entre sonido (fonema) y representación gráfica (grafema).

HABILIDADES FONOLÓGICAS

En palabras de Silva (2020), las habilidades fonológicas (o conciencia fonológica) hacen referencia a la capacidad para discriminar, segmentar y manipular mentalmente el lenguaje oral. Dentro de la misma conciencia fonológica se establecen tres niveles esenciales con un desarrollo evolutivo: conciencia léxica (reconocer las palabras como unidades separadas de sonido y significado), conciencia silábica (aprender a segmentar las palabras en sílabas) y conciencia fonémica (identificar y manipular los sonidos individuales/fonemas de las palabras).

Para Cuetos (2015), iniciar el desarrollo de las habilidades fonológicas antes de introducir la lectoescritura es el mejor método para detectar y hacer frente a la dislexia u otras DEA. En alumnos prelectores se lleva a cabo un trabajo esencial oral sistemático y prolongado en el tiempo:

◇ Entre los 3 y los 4 años pueden iniciarse en el desarrollo de la conciencia léxica.

◇ Entre los 4 y los 5 años podemos introducir el trabajo con las sílabas.

◇ Una vez iniciada la enseñanza de la lectoescritura, se desarrolla la conciencia fonémica.

En resumen, las habilidades fonológicas permiten comprender que el lenguaje se divide en oraciones formadas por palabras independientes que, a su vez, están compuestas por estructuras menores llamadas sílabas, formadas por una o más unidades mínimas o fonemas. Afianzar la conciencia fonológica es fundamental para el aprendizaje de la lectoescritura, ya que proporciona la base para entender cómo las letras representan los sonidos del habla y cómo se combinan para formar palabras. A continuación, presentamos diferentes propuestas didácticas siguiendo un orden lógico de aprendizaje de las habilidades fonológicas:

ORACIONES ILUSTRADAS

El objetivo es ordenar oraciones con la ayuda de diferentes imágenes muy clarividentes que faciliten su comprensión sin la necesidad de conocer las palabras, puesto que será el adulto quien lea la frase previamente. Se debe empezar por frases sencillas con sujeto, verbo y complementos para los más pequeños, y a partir de aquí la complejidad se puede variar según la extensión de la frase o la cotidianeidad de las palabras según se avance en cada etapa educativa. Esta actividad permite también identificar la posición de una determinada palabra dentro de la frase.

SOMOS (CASI) IGUALES

Para esta actividad podemos volver a utilizar la mesa de luces, ya que consiste en sacar de un saquito diferentes imágenes con fonemas idénticos, a través de las cuales trabajaremos el sonido de las mismas y se tendrán que relacionar las imágenes que tienen la misma terminación y las que tienen el mismo comienzo. El adulto guiará la actividad haciendo preguntas como "¿luna empieza igual que lupa?", "¿caballo termina igual que sol o que gallo?", etc.

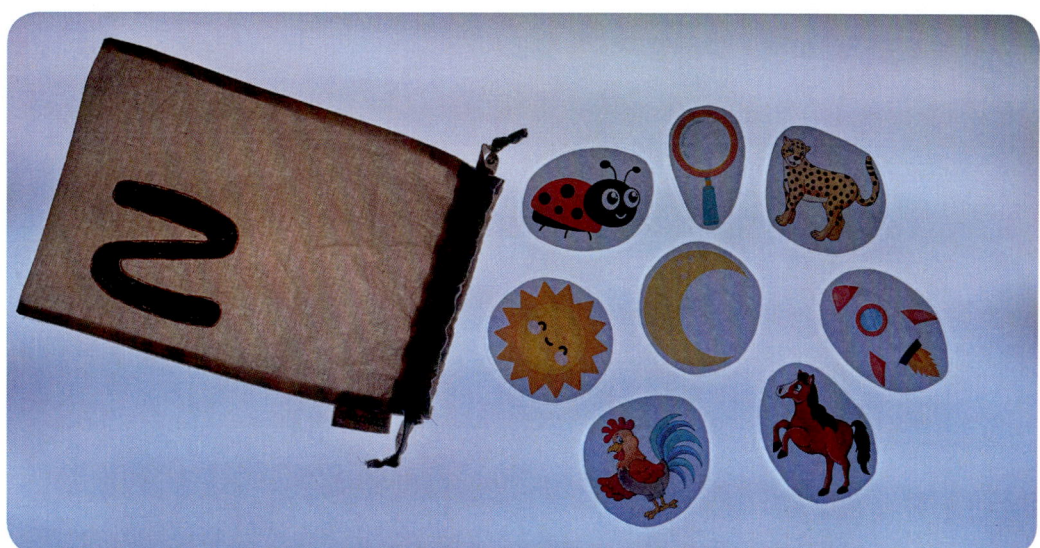

SACO DE LAS LETRAS

Para que esta actividad sea más dinámica y cooperativa se puede hacer en grupo. Primero los niños y niñas manipularán las letras de madera que hemos escondido en el saquito para ponerlas en la mesa: las pueden ordenar, intercambiar, girar, etc. Luego cada alumno o alumna irá eligiendo una letra, de la cual todos repetiremos en voz alta el fonema y tendremos que buscar un objeto (u objetos) en el aula que contenga la letra en cuestión para ir haciendo una clasificación de letras/objetos. De esta forma empezamos a introducir las letras y sus sonidos.

SÍLABAS VIAJERAS

Estas ilustraciones nos permiten diferenciar las representaciones de palabras por su número de sílabas (sol->1, ca-sa->2, ca-ra-col->3). En el QR podéis encontrar diferentes maletas descargables para trabajar muchas más palabras.

ACTIVIDADES

CANTAMOS SíLABAS

Esta actividad grupal consiste en separar y cantar de forma dinámica las sílabas de los nombres propios de la clase (MA-RÍ-A, JE-SÚS) o nombres cotidianos (PE-LO-TA, ME-SA) con la ayuda de las palmas y los golpes de los pies en el suelo para seguir el ritmo marcado por el adulto.

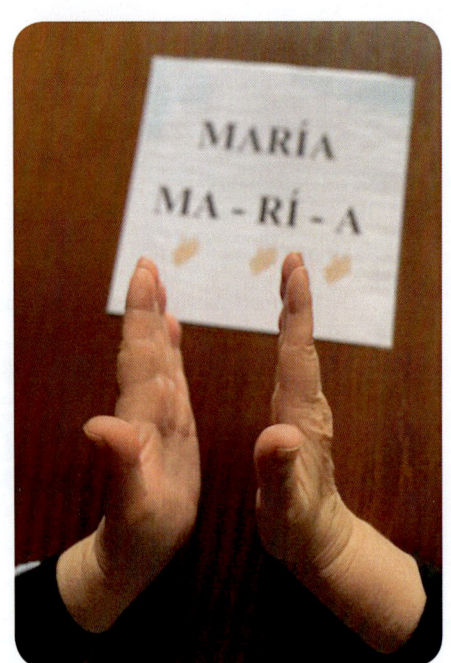

SÍLABAS UNIDAS, SOMOS PALABRAS

El objetivo de esta actividad es que cada niño o niña represente una sílaba y la repita en voz alta para formar la palabra que escribiremos en la pizarra, en un papel o mostraremos en una imagen como apoyo visual (además del apoyo fonémico del adulto). También se pueden representar de la misma forma las palabras de una frase con el mismo procedimiento de ayuda.

El objetivo de esta actividad es relacionar las tarjetas con distintas sílabas para crear palabras con apoyo visual. Empezaremos trabajando sílabas con el esquema Consonante+Vocal (sílabas directas), para después introducir las de esquema Vocal+Consonante (sílabas indirectas) y, por último, las de Consonante+Vocal+Consonante (sílabas mixtas).

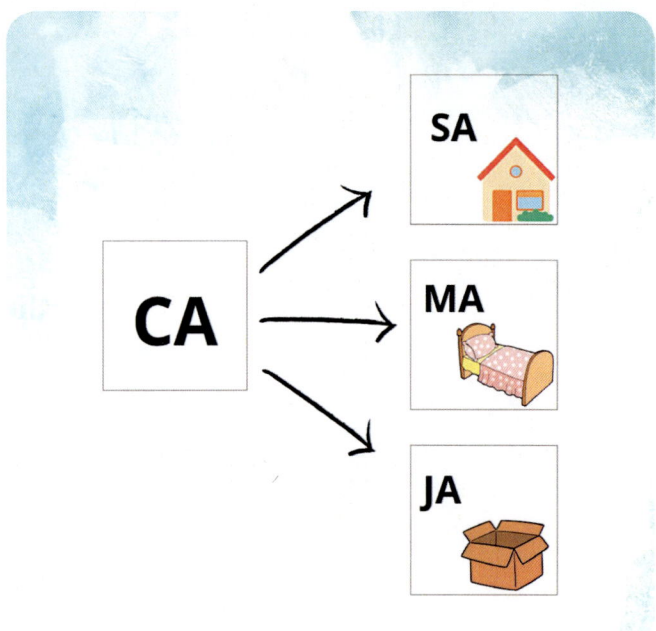

¡QUÉ BIEN SUENAN!

Con esta actividad profundizaremos en los sonidos de las letras y las sílabas para afianzar las vocales/consonantes y la correspondencia entre grafema y fonema. Bien sea en grupo o de forma individualizada, junto con el docente y con apoyo visual se pronunciarán las letras del abecedario, siguiendo un orden lógico y poniendo énfasis en la colocación de la boca.

/eme/
/mmmmm/

9.2. INICIO DEL APRENDIZAJE DE LA LECTOESCRITURA

Cuando la correspondencia grafema-fonema esté fuertemente afianzada, será el momento en que el alumnado estará preparado para iniciar el aprendizaje de la lectoescritura en sí. Este momento puede variar según el proceso evolutivo de cada alumno o alumna, y no hay que tener miedo en retroceder en el proceso de aprendizaje si se evidencia una falta de control abultado en determinados grafemas, fonemas y morfemas.

Además del asentamiento de la conciencia fonológica, hay otros signos de refuerzo que nos ayudan a establecer cuando el alumnado está listo para empezar el aprendizaje lectoescritor (desarrollo del vocabulario oral, atención y concentración, interés en letras y palabras, desarrollo de las habilidades motoras finas o capacidad para seguir instrucciones). El estímulo y el apoyo es fundamental en cada uno de los procesos para que la lectoescritura se desarrolle correctamente, especialmente en niños y niñas con dislexia u otras DEA. ¡Vamos con algunas actividades para fortalecer el proceso de aprendizaje de la lectoescritura!

El alumnado debe remover la arena para descubrir el animal escondido, el nombre del cual se le presenta previamente (si todavía no tiene adquirido el conocimiento lector, el adulto debe leerle en voz alta la palabra). Es una actividad proactiva que gusta mucho a los niños y niñas.

JUGUETES LUMINOSOS

De nuevo podemos utilizar la mesa de luces para introducir esta actividad, que tiene varias adaptaciones según el objetivo que busquemos en el alumnado. Bien con juguetes que tengamos en el aula o que se traigan de casa, habrá que relacionar los nombres con su juguete correspondiente. Las variaciones pueden ser el apoyo o no del adulto, la presentación primero del juguete o de la palabra, incluir nombres de otros objetos que no habrá encima de la mesa de luces, etc.

LA PALABRA ESCONDIDA

El proceso de aprendizaje de la lectoescritura puede continuar con una ampliación de las actividades anteriores. En este caso se presentará al alumnado la imagen del animal, y deberá escoger entre la arena la palabra que corresponde con el animal.

¡REPASAR EN ARENA MOLA!

¿Cuántas veces hemos ido a la playa y hemos dibujado o escrito en la arena? Pues os traigo esta actividad para practicar la grafía tanto de las vocales como de las consonantes en minúscula y en mayúscula. Siguiendo el proceso evolutivo, posteriormente pueden escribir palabras, tanto nombres propios como de objetos. Esta actividad se puede hacer en diferentes lugares y con diferentes materiales para estimular al alumnado, por ejemplo, con harina, lentejas, etc.

ABECEDARIO NATURAL

Para realizar esta actividad, se puede hacer una salida a por elementos naturales tanto al bosque, montañas, parques, playa o traer elementos de casa. Consiste en crear cada una de las letras del abecedario con elementos naturales diferentes y fotografiarlas individualmente en un fondo blanco para después hacer uno o varios murales con ellas (separarlos por vocales, consonantes o juntando todo el abecedario). Como ya se ha comentado, primero se trabajan las vocales y luego las consonantes.

Aprovechamos la mesa de luz y presentamos palabras sueltas sin algunas vocales y, luego, sin algunas consonantes, para que la niña o el niño rellenen los huecos con la letra correspondiente.

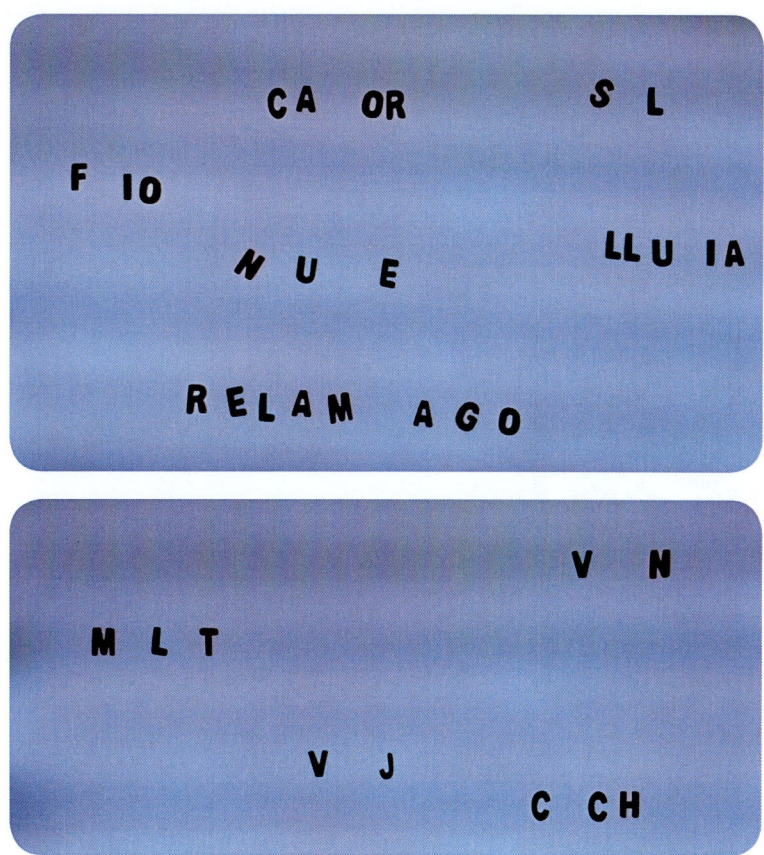

REPASAMOS PALABRAS

Para repasar la caligrafía de distintas palabras que ya tenga afianzadas el alumnado en su vocabulario, podemos presentar tantas palabras como queramos con estos modelos de caligrafía y trazos guiados. Podéis encontrar todo el abecedario en diferentes modelos en el QR de materiales e imprimibles de @aprendemoscondislexia.

ACTIVIDADES

LOS ROLLOS DE LAS VOCALES

Se presentan rollos de papel con las cinco vocales dibujadas o pintadas en el frente con el objetivo de que el niño, niña o persona adulta escriba palabras que empiecen por cada una de las vocales y las introduzca en los tubos. Dependiendo del contexto, también se puede realizar por grupos o plantear inicialmente para los más pequeños hacerlo con imágenes, y en etapas posteriores se introducen ya las palabras, bien sea ya escritas previamente para afianzar el vocabulario que queramos o dejando espacio a la improvisación como en nuestro ejemplo.

SÍLABAS EN TIZA

Utilizando unas pizarritas con pinzas debemos escribir en ellas sílabas en mayúscula con el objetivo de completar palabras, para después escribirlas en minúscula en el papel o cartulina de abajo. Según el proceso evolutivo del niño, niña o adulto, se pueden presentar previamente las sílabas para que solo haya que ordenarlas y escribir la palabra final o dificultar el ejercicio imponiendo la obligación de crear palabras con más de 4 sílabas.

Escribimos en una pizarra todas las consonantes en un gran grupo, cada infante deberá escribir la primera palabra que piense en ese momento, también se puede hacer en pequeños grupos o en casa, y también reduciendo el número de consonantes para trabajarlas por agrupaciones.

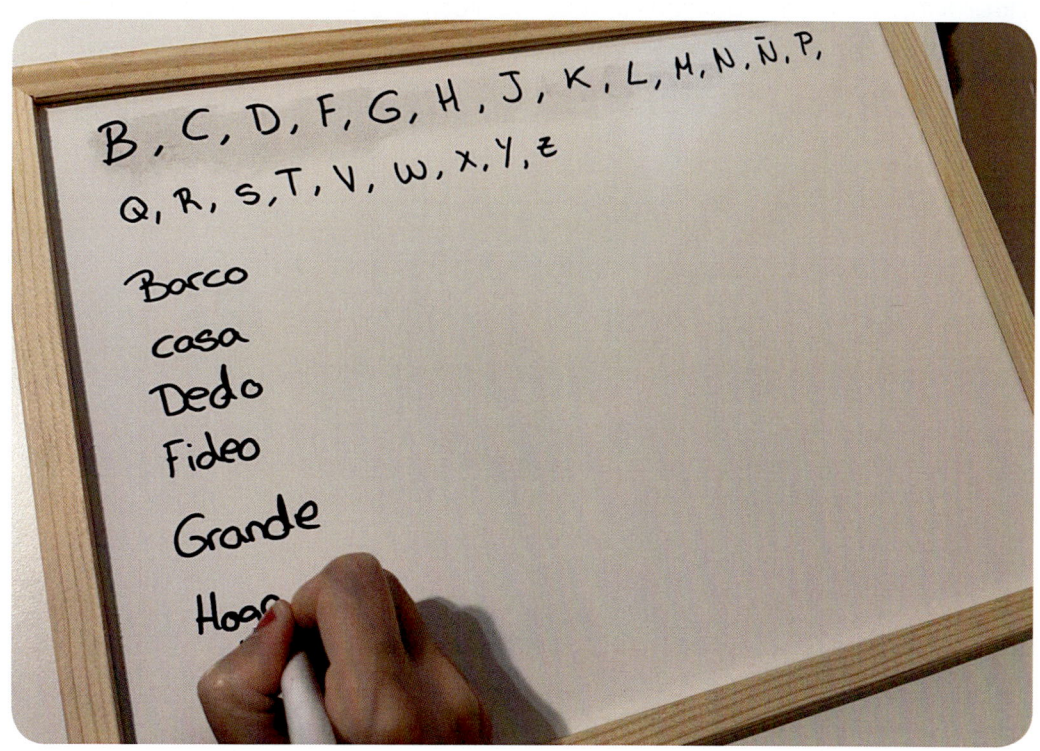

LETRAS EN CÍRCULO

Una vez afianzadas completamente las vocales y las consonantes, podemos pasar a trabajar la unión de las consonantes y las vocales en sílabas cada vez más complejas. Con esta actividad se le presenta al alumnado una consonante principal y se espera que el niño o la niña escriba diferentes palabras que empiecen con cada una de las sílabas que se le presentan (en el ejemplo: P+vocal, P+L+Vocal, P+R+Vocal).

Para introducir la relación entre palabras y números podemos utilizar actividades de memoria visual como este *memory* numérico.

9.3. CONSOLIDACIÓN DE LA LECTOESCRITURA

Con la adquisición del código de correspondencias entre grafemas y fonemas mediante la codificación y decodificación del lenguaje, llega el momento de consolidar y automatizar el proceso de la lectoescritura, una de las tareas más dificultosas para las personas con dislexia y que provoca un mayor número de errores ortográficos. No obstante, como ya hemos visto, con esfuerzo, repetición y una intervención adecuada se puede mejorar notablemente la consolidación y automatización del proceso lectoescritor. A continuación, se muestran algunas actividades para trabajarlo.

Con estas actividades de diferenciación entre fonemas muy parecidos mediante el apoyo visual trabajamos la ortografía arbitraria, la cual hace referencia a las reglas que se han establecido arbitrariamente, es decir, son palabras que se tienen que aprender de una en una ya que no hay ninguna regla definida que las explique, por ejemplo, porque cabeza va con "B" y vaca va con "V".

Cabeza

Vaca

Así como la ortografía arbitraria no se rige por normas y se ha utilizado un dibujo para diferenciar porque va con "B" o con "V", en la ortografía reglada o contextual encontramos claramente las reglas que marcan el uso de cada letra según la composición de la palabra. En esta actividad explicamos previamente las reglas ortográficas de los fonemas más confusos (por ejemplo, C, S, Z, J, G) y para que sea más fácil recordar la norma, mostramos ejemplos visuales como Jirafa, pinGüino, Caracol, o incluso, podemos poner imágenes para ver que girasol no se escribe igual que guitarra para afianzar la correspondencia con la norma.

JIRAFA

PINGÜINO

CARACOL

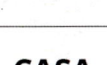

CASA

GIRASOL

GEMELAS

QUESO

GUITARRA

HAMBURGUESA

TERMINA LA FRASE

Esta actividad consiste en terminar la frase del apoyo visual, en el cual habrá un determinante escrito y varios dibujos, para que se escriba la palabra o palabras que identifican la imagen, pero hay que tener en cuenta que en ortografía natural los niños y niñas tienden a juntar todas las palabras (es decir, unacasa en vez de una casa) y hay que prestar mucha atención a estos errores para trabajar su corrección. Con la introducción de más imágenes se incrementa la longitud de la frase y con ella la dificultad del ejercicio.

MISMA FAMILIA

Para empezar a valorar la buena comprensión lectora, podemos empezar por elaborar unas actividades sencillas en las cuales se presenta una hoja con diferentes objetos precedidos por un enunciado que indique que deben colorear/redondear la palabra relacionada con un verbo o grupo de palabras. Por ejemplo, frases como "sirve para ver" o "sirve para escribir". En el material descargable podéis encontrar muchos más ejemplos.

Sirve para ver

Sirve para escribir

FíJATE BiEN

Es una actividad para trabajar la concentración y la dirección de las letras especialmente, por tanto, puede ser muy útil para que las personas con dislexia mejoren sus errores más comunes. En este caso, hay que redondear la palabra escrita correctamente, y luego reproducirla debajo o en otro papel. A mayor nivel lectoescritor, mayor será el vocabulario y el número de sílabas.

queso / pueso

qaraguas / paraguas

pintura / quintura

pingüino / qüinguino

TAPAS DE COLORES

Con las tapas de paquetes de toallitas y un cartón podemos elaborar esta actividad para trabajar la psicomotricidad y el vocabulario básico de los colores en los más pequeños o la gama de colores en segundos idiomas como el inglés, francés o italiano en el alumnado de cursos posteriores.

VOCABULARIO MARINO

Se trata de presentar diferentes imágenes u objetos de una misma familia para que el alumnado o personas de avanzada edad escriban cada una de las palabras para recordar el vocabulario temático como pueden ser los animales, las frutas, los colores, etc, y sobre ello poder corregir los errores ortográficos.

VEMOS LOS TRABALENGUAS Y LAS RIMAS

Los trabalenguas, los poemas y las rimas son recursos lingüísticos muy útiles para trabajar la lectoescritura por varias razones: seguimos potenciando la conciencia fonológica además de la mejora de la pronunciación y la articulación, el estímulo de la memoria y la atención y el fomento de la pasión por el lenguaje y la cultura.

Una vez hemos leído y trabajado en clase distintos trabalenguas y rimas, podemos incluir actividades como escribir algunas partes que recordemos o rellenar los huecos para ver si realmente han interiorizado el trabalenguas o la rima. Además, esto también ayuda al alumnado con la precisión y la mejora de las palabras e incluso en la fluidez y velocidad de la lectura. Seguidamente podéis ver algunos ejemplos de trabalenguas y rimas adaptados para todas las edades.

El perro de San Roque no tiene rabo porque Ramón Ramírez se lo ha robado

Erre con erre, guitarra;
erre con erre, carril:
rápido rueda los carros,
rápido corre el ferrocarril

En la noche oscura,
la luna brilla pura,
con sus rayos de plata,
a las estrellas arrebata.

El río corre y corre,
entre montañas y flores,
cantando su dulce canción,
alegra nuestro corazón.

En mi cara redondita
tengo ojos y nariz,
y también una boquita
para hablar y para reír.

Con mis ojos veo todo,
con la nariz hago achís,
con mi boca como como
palomitas de maíz.

Gloria Fuertes

LA PROSODIA

La prosodia es la rama de la lingüística que confiere al ritmo, la entonación, el énfasis, la velocidad y otros elementos de la expresión verbal que no están relacionados directamente con el significado de las palabras. Es la forma en que las personas modulan su voz al hablar para transmitir diferentes emociones o intenciones en el discurso.

La prosodia desempeña un papel muy importante en la comunicación verbal y en la lectura, ya que influye en la comprensión, la interpretación del mensaje y la intención del hablante.

Para trabajarla correctamente podemos establecer unos iconos claves para que los niños y niñas sepan que cuando hay un dedo hacia arriba se tiene que parar un segundo para respirar (ya que equivale a una coma) y cuando vemos la mano abierta, hay que detenerse para coger aire y empezar de nuevo (equivale a un punto en el texto).

Hola 👆 me llamo Isabel 👆 tengo 5 años y me gusta jugar en el parque con mis amigas y amigos todas las tardes 🖐

Tengo un hermano que se llama David   y le gusta jugar con los animales 👆 los coches y la pelota 🖐

9.4. NIVEL SUPERIOR DE LA LECTOESCRITURA

Tal y como indica Silva (2020), *"una vez que el escolar adquiere una lectura y escritura más o menos fluida, el trabajo debe centrarse en enseñar a utilizar tales habilidades para comprender y expresar ideas, conocimientos e información"*. Entre los aspectos del aprendizaje lectoescritor a fortalecer en esta etapa última encontramos el desarrollo y ampliación del vocabulario, la comprensión lectora, la expresión escrita y las técnicas de estudio que faciliten la enseñanza.

Por ejemplo, podemos realizar actividades de comparación de significados de dos frases para establecer si tienen el mismo significado o no, u otros ejercicios de relacionar las frases para que tengan el significado correcto.

El colegio está en el centro del pueblo.

En el centro del pueblo se encuentra el colegio.

El portero paró un penalti al jugador.

El jugador envió la pelota lejos del portero.

El perro se	la mejor
Mi madre se	rasca las orejas
Mi abuela es	compró un bolso

En el enlace del QR de @aprendemoscondislexia se puede acceder a más actividades y descargables para seguir trabajando los niveles superiores de la lectoescritura.

Para terminar, tras hacer un largo repaso por las etapas del proceso de aprendizaje de la lectoescritura, me gustaría remarcar que el uso de material didáctico específico para mejorar la lectura y la escritura es una herramienta básica en el progreso educativo de los niños y niñas. Así, hay que tener siempre en cuenta la importancia de reconocer y respetar el proceso evolutivo único del alumnado, entendiendo que el desarrollo de habilidades cognitivas necesarias para la lectoescritura puede variar en cada persona.

Elaborando material didáctico adaptado a las necesidades individuales del alumnado y ofreciendo intervención temprana para aquellos alumnos o alumnas que enfrentan dificultades, podemos maximizar el potencial en el aprendizaje de la lectoescritura. Es importante recordar que el progreso en la adquisición de habilidades de lectoescritura es un proceso gradual y que requiere paciencia, compromiso y colaboración entre educadores, padres/madres y profesionales de apoyo.

Por tanto, es fundamental brindar un ambiente de apoyo y comprensión en el aula, donde las dificultades de aprendizaje como la dislexia sean identificadas, se atiendan con rigor y sean abordadas de manera adecuada mediante intervenciones psicopedagógicas individualizadas, creando así un entorno de aprendizaje inclusivo y enriquecedor que fomente el éxito académico y personal de todos los y las estudiantes.

AGRADECIMIENTOS

A David, mi pareja, por estar en todo momento a mi lado, ayudándome desde el primer segundo en todo lo que he necesitado, por darme tantos consejos y por quererme mucho. Gracias a él di el paso de hacerme el diagnóstico que tanto miedo tenía, porque no quería contar todo lo que había sufrido en mi etapa educativa. A mi madre y mi abuela materna por estar siempre a mi lado apoyándome en todas mis decisiones, ayudarme en todo lo que he necesitado y quererme tanto. Ahora, los tres sois los pilares más importantes de mi vida, la palabra GRACIAS se queda corta y siempre os voy a estar muy agradecida.

A mi abuelo materno, por estar siempre a mi lado, acompañándome siempre donde fuera y cuando fuera para que no me sintiera sola. Ahora me cuida y anima desde el cielo, pero nadie muere si alguien lo recuerda y yo lo llevo siempre en mi corazón.

Al resto de familia y familia postiza, amigas y amigos, compañeras docentes, gracias por estar siempre a mi lado. Me ha costado y espero que después de haber leído mi libro entendáis todo, perdón, pero ahora ya sabéis que sufro dislexia.

A todos y todas aquellas profesoras y profesores y profesionales que siempre me han ayudado y me han dado un voto de confianza para poder cumplir mis sueños. También a todos aquellos profesores y profesoras del instituto que me han dicho que no lo podría conseguir, gracias a ellos me hice más fuerte, he seguido luchando y puedo decir con orgullo que soy maestra y he escrito un libro.

A la editorial Sar Alejandría por confiar en mí y permitirme ser parte de su magnífica Colección Didáctica, a KeFoto Studi por hacer magia con las imágenes, al equipo de la Escola Infantil Joan de Montcada por su amabilidad y predisposición, y una mención especial a la asociación Trencadis y a su presidenta, Concha Barceló, por su incansable trabajo y por aceptar mi invitación de formar parte de este libro.

Y por último, a todas y todos mis seguidores de @aprendemoscondislexia por dar tanto cariño y visibilidad a la dislexia y a las dificultades de aprendizaje. Juntos somos más fuertes e imparables.

BIBLIOGRAFÍA

Andreu i Barrachina, Ll. (2020). *Las alteraciones de la lectura: la dislexia y las dificultades de comprensión.* FUOC.

Artigas-Pallarés, J. (2002). *Problemas asociados a la dislexia.* Revista de neurología, 34(1), 7-13.

Barceló López, C., (2020). *Dislexia, el valor de lo distinto.* Editorial Brief.

Benedicto-López, P., & Rodríguez-Cuadrado, S. (2019). *Discalculia: manifestaciones clínicas, evaluación y diagnóstico. Perspectivas actuales de intervención educativa.* RELIEVE. Revista Electrónica de Investigación y Evaluación Educativa, 25(1).

Cuetos, F., Suárez-Coalla, P., Molina, M. I., & Llenderrozas, M. C. (2015). *Test para la detección temprana de las dificultades en el aprendizaje de la lectura y escritura.* Pediatría Atención Primaria, 17 (66), 99-107.

González, D., Jiménez, J.E., García, E., Díaz, A., Rodríguez, C., Crespo, P. & Artiles, C. (2010). *Prevalencia de las dificultades específicas de aprendizaje en la Educación Secundaria Obligatoria.* European Journal of Education and Psychology, 3(2), 317-327.

González Muñoz, D. (2022). *No es vago: Comprender y ayudar a los alumnos con dificultades*. Sentir Editorial.

Gutiérrez, R. y Díez, A. (2015). *Aprendizaje de la escritura y habilidades de conciencia fonológica en las primeras edades*. Bordón, 67(4), 43-59.

Lebrero Baena, P., Fernández Pérez, D., & García García, E. (2015). *Neurociencia de la lectura y escritura*. Síntesis.

Llanos Masciotti, F. (2013). *La conciencia fonológica: ¿Una condición para leer?*. Ministerio de Educación de Perú.

Rello, L. (2018). *Superar la dislexia. Una experiencia personal a través de la investigación*. Paidós Educación.

Silva, C. (2020). *Método Diverlexia. Intervención psicopedagógica de la dislexia*. Autoedición.